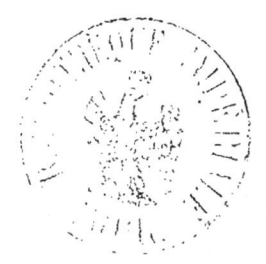

ÉLOGE

DE ROSSI

PARIS.—Imprimerie de BILLET FILS AÎNÉ, rue des Grands-Augustins, 5.

ÉLOGE

DE ROSSI

DISCOURS

PRONONCÉ A L'OUVERTURE DE LA CONFÉRENCE DES AVOCATS

LE 7 DÉCEMBRE 1867

PAR

MAURICE SABATIER

AVOCAT A LA COUR IMPÉRIALE

PARIS

IMPRIMÉ CHEZ A. PILLET FILS AÎNÉ

5, RUE DES GRANDS-AUGUSTINS

—

1867

ÉLOGE DE ROSSI

Monsieur le Batonnier ,

Messieurs et chers Confrères ,

N'est-ce pas surtout en étudiant en détail la vie des hommes et en suivant, pour ainsi dire, jour par jour ce qu'elle renferme parfois d'incohérent et d'imprévu, qu'on se convainc de plus en plus du peu de place que tient la liberté dans la conduite de la vie et de l'impuissance où elle est de maîtriser la fortune? On a dit que chacun fait sa vie, mais que Dieu fait l'histoire. C'est là une parole encore trop orgueilleuse pour la faiblesse humaine; et, pour être complétement vrai, il faut dire que Dieu fait même la vie et qu'il ne reste à l'homme que le pouvoir d'accomplir librement chacun des actes dont la vie se compose, semblable à un ouvrier aveugle qui travaillerait à son gré à un édifice inconnu. Il y a pourtant, sous un autre aspect, jusque dans la vie la plus soumise aux événements, une place, et une large place, pour la liberté de l'homme. Ces

1

événements qui l'entraînent, qu'il est impuissant et à conduire et à prévoir, il les domine, quand il veut, par son âme. Il lui suffit, pour cela, d'attacher de bonne heure son esprit à quelques principes immuables, et de leur demeurer courageusement fidèle. Quand il a ainsi mis au-dessus de toute atteinte ces croyances, qui sont le centre et la flamme de la vie, les hasards de la destinée n'ont plus pour lui ni péril ni surprise ; et rien n'est alors plus beau que le contraste entre une vie livrée tout entière à la fortune et une âme qui garde, au sein de toutes les vicissitudes, ses convictions et sa liberté.

Ces réflexions viennent naturellement à l'esprit quand on embrasse d'un coup d'œil la vie de Rossi. Né en Italie à la veille de la révolution de 1789, il y commençait à peine une brillante carrière que déjà, en 1815, il était proscrit et contraint de se réfugier à Genève. Quelques années s'écoulent : il a trouvé dans la Suisse, avec les honneurs et la fortune, une seconde patrie, il en est devenu le législateur ; son nom a commencé en même temps à se répandre en Europe avec ses écrits. Le contre-coup de la révolution de 1830 le pousse de Suisse en France. Grâce à de puissants amis, la France l'adopte à son tour, lui donne des chaires, une tribune, l'envoie comme son ambassadeur dans cette Italie qu'il a quittée en proscrit. Tout à coup la révolution de 1848 éclate, brise tous les liens qui l'attachent à la France, et le voilà de nouveau sans patrie dans le monde. C'est alors que Rome le recueille. Il devient le ministre de ce pouvoir qu'il a autrefois combattu ; il prend en main, à côté de Pie IX, la direction d'une des plus grandes entreprises qui aient honoré notre siècle ; et, au moment où il touche au succès, cette vie qui n'a été qu'un long exil, mais un exil d'une grandeur toute particulière, s'achève brusquement dans un meurtre dont l'Europe est encore consternée. — Et au milieu d'une destinée si agitée, quelle unité et quelle figure! Esprit élevé et ardent, hautain et souple, doué à la fois de cette vue des principes qui fait le métaphysicien et de ce bon sens pratique qui fait l'homme d'action, Rossi a laissé dans tous les lieux où il a vécu le même souvenir et la même empreinte. En Suisse, en France, en Italie, tour à tour avocat, professeur, publiciste, homme d'État, il est toujours et partout resté le même : en philosophie, disciple du spiritualisme qui inspire et anime tous ses écrits, son *Cours d'économie politique* comme son *Traité de droit pénal ;* en politique, partisan de la liberté constitutionnelle qu'il a servie dans trois pays divers avec la même habileté et le même éclat. Les révolutions, qui ont bouleversé son existence, n'ont pu le faire changer ni de foi ni de cause; toutes les fois qu'elles l'ont brisé, il a grandi malgré elles et par elles : il a été enfin surpris par la mort fidèle aux convictions avec lesquelles on peut dire qu'il était né ; et c'est ainsi qu'une existence si variée, traversée par tant d'incidents imprévus, puise dans cette unité le charme et l'intérêt d'un véritable drame.

Louis-Édouard-Pellegrino Rossi naquit le 3 juillet 1787 à Carrare, où il aurait peut-être passé sa vie, obscur sujet du duc de Modène, sans la révolution qui devait, deux ans plus tard, renouveler l'Europe. Envoyé de bonne heure au collége de Correggio, il s'y fit remarquer par des succès éclatants. Il y réussissait également, ce qui est l'indice d'un esprit bien fait, dans les sciences mathématiques et dans les sciences morales. Il continua ses études à l'université de Pavie, puis à l'université de Bologne, où il étudia le droit et reçut à dix-neuf ans le diplôme de docteur. Incertain un instant sur le choix de sa carrière, il fût d'abord attaché comme secrétaire au parquet de la Cour royale de Bologne; mais il sentit bientôt que la magistrature lui convenait peu, et, en 1809, il résigna ses fonctions pour se faire inscrire au barreau.

Ses débuts furent remarquables et firent prévoir ce qu'il devait être un jour. La première fois qu'il parut à la barre, il plaidait contre un de ses vieux professeurs, dont il était l'élève favori; et telle fut ce jour-là son éloquence que cet excellent homme se jeta à l'audience même dans ses bras en pleurant de joie, tout consolé d'avoir perdu son procès de cette manière. Il aimait plus tard à raconter, comme un exemple des lenteurs de la procédure italienne, qu'il avait pu dire en commençant cette première plaidoirie: «Messieurs, il y a vingt-trois ans, le jour même de ma naissance, l'assignation que je vais lire ouvrait le procès que vous allez juger aujourd'hui.» Cet avocat qui naissait ainsi avec ses causes, avait à un très-haut degré les deux qualités qui font réussir dans le barreau : la justesse de l'esprit, qui découvre dans les affaires la véritable difficulté et court à la solution, et la passion qui communique la vie à tout ce qu'elle touche. A ces deux qualités maîtresses, il joignait une grande élévation de vues et un art parfait. Pour lui, il n'y avait pas de petites affaires. Quelque vulgaires, quelque arides qu'elles parussent, il savait toujours les élever et les embellir. L'avocat ne marchait en quelque sorte qu'accompagné du philosophe et de l'artiste. Une cause criminelle d'un grand retentissement et dans laquelle il arracha à l'échafaud une jeune bouquetière de Bologne, acheva sa réputation naissante et lui valut le surnom populaire d'*avocatino pallido*.

Comme si le barreau ne suffisait pas à son activité, il y mêlait l'enseignement du droit. Professeur de droit civil au lycée et de droit criminel à l'université, il eut, grâce à la souplesse de son esprit, le même succès dans la chaire qu'au barreau. Enfin, il avait été nommé, avant vingt-huit ans, conseiller du gouvernement en matière d'État. Tout souriait donc à ses désirs; il avait l'indépendance, les honneurs, presque la fortune, une situation conforme à sa nature et à ses goûts ; il jouissait, fort jeune encore, de l'estime publique; l'avenir s'offrait à ses yeux sous les plus belles couleurs. Que lui eût-il manqué, si dans cette âme patriotique les malheurs de l'Italie, tantôt accablée sous la domination française, tantôt ravagée par l'invasion autrichienne, n'avaient empoisonné le bonheur et le succès?

Les événements de 1815 troublèrent pour la première fois une vie destinée à tant de vicissitudes. Lorsque Murat, au moment du retour de l'île d'Elbe, s'élança dans le nord de l'Italie à la tête de son armée et entra dans Bologne en appelant l'Italie à la liberté et à l'indépendance, Rossi fut du petit nombre d'Italiens qui se rangèrent sous ses drapeaux. Qu'espérait-il pour sa patrie de cette aventure? Il l'a expliqué lui-même dans un mémoire justificatif de sa conduite qu'il écrivit plus tard à Genève. S'il ne s'était agi que de chasser les Autrichiens de la péninsule et de replacer l'Italie sous le joug de la France, il est probable qu'il eût hésité beaucoup à se rallier à Murat : tout en reconnaissant les bienfaits de l'occupation française dans l'ordre administratif et civil, tout en appréciant les idées d'ordre, les réformes législatives, l'activité commerciale qu'elle avait apportées à l'Italie, il en avait vivement senti la dureté et l'imprévoyance dans l'ordre politique, et il n'était pas de ceux qui sacrifient la liberté à l'égalité civile ou à la gloire. Mais Murat, en 1815, n'était plus ce soldat de Napoléon vivant à Naples en conquérant, toujours campé au milieu de ses sujets et portant à l'excès les pratiques du despotisme militaire. Il représentait soudain pour l'Italie ce qu'elle avait sans cesse rêvé : l'indépendance nationale, tant vis-à-vis de l'Autriche qu'il avait toujours combattue, que vis-à-vis de Napoléon lui-même qu'il avait trahi en 1814 et dont le nom n'était pas même prononcé dans ses proclamations. Il représentait d'une manière plus inattendue encore la liberté constitutionnelle alliée tout à coup en Italie et en France aux pouvoirs qui l'avaient si longtemps proscrite, et devenue l'étonnant refuge d'un Napoléon et d'un Murat. C'était, en un mot, une royauté constitutionnelle italienne qui se levait dans cette immense crise européenne, entre la conquête de la veille et la conquête du lendemain : rêve impossible, qui n'avait pour lui ni l'appui de l'Europe coalisée à Vienne, ni l'assentiment de Napoléon rentré aux Tuileries, ni même la complicité de l'Italie, à part quelques esprits plus exaltés, et qui aurait fatalement disparu sous le canon de Waterloo, de quelque côté qu'eût été la victoire, mais dont la nouveauté et la grandeur un peu confuse tentèrent l'imagination enthousiaste de Rossi. La sincérité et l'ardeur avec lesquelles il avait embrassé cette politique, les qualités qu'on lui connaissait, l'estime universelle dont il était entouré le désignèrent à Murat comme un de ses auxiliaires les plus utiles. Il fut nommé commissaire civil pour les provinces conquises. Mais il avait eu à peine le temps de montrer l'habileté de son administration que la victoire échappait à Ochio Bello, puis à Tolentino, des mains incapables de Murat, qui, au bout d'une campagne de deux mois, rentrait sans armée à Naples et en ressortait le lendemain, en fugitif, pour tomber bientôt après, en insurgé, sous les balles de ses propres soldats. Avec la fortune de Murat s'écroulait celle de Rossi. Contraint, à son tour, de s'enfuir devant la réaction autrichienne, il erra quelque temps dans les Calabres, parvint à Naples, s'y embarqua pour Marseille, revint à Milan, puis de là passa à Genève, où il avait quelques amis. C'était l'exil qui commençait.

Quand la jeunesse s'abandonne, toutes voiles déployées, à l'espérance, il est dur de rencontrer tout à coup le vent de l'exil. Il y a pourtant dans l'exil une douleur plus vive que l'exil lui-même, c'est le découragement. Rossi fut atteint de ce mal. Frappé dans la fleur de l'âge, ayant tout perdu dans la défaite, proscrit au moment où il avait entrevu la gloire, et, qui plus est, proscrit raillé pour ses illusions et n'excitant pas même la pitié dans l'Italie indifférente, il sentit un instant défaillir autour de lui tout ce qui jusqu'alors avait porté sa vie. Il s'était retiré à la campagne, aux environs de Genève ; là, fuyant le monde, tout entier aux méditations de son esprit et aux soins d'une santé débile, il demandait à la solitude et à la nature les consolations dont il avait besoin. Il y écrivit, dès les premiers jours, le mémoire justificatif de sa conduite, que nous avons indiqué tout à l'heure. C'est à cette même époque qu'il composa et publia une traduction en vers italiens du poëme du *Giaour*, de lord Byron, poésie amère de l'amour brisé et de la liberté perdue, dont les accents répondaient assez bien à ses déceptions patriotiques et, dit-on, à des déceptions plus intimes encore. Mais il y avait dans cette nature des ressorts qui ne pouvaient pas être longtemps comprimés ; reprenant bientôt courage sous l'empire de la nécessité, il se mit avec ardeur à l'étude, apprit l'allemand, se familiarisa avec le français, qu'il parlait difficilement, reprit les études sur le droit criminel qu'il avait commencées à Bologne, s'enfonça dans les récents travaux de l'Allemagne sur le droit romain ; puis, cédant aux sollicitations de quelques amis qu'avaient attirés autour de lui son infortune et son esprit, il ouvrit, dans l'hiver de 1819, un cours libre de jurisprudence appliquée au droit romain. Le succès en fut immense. Quand on vit paraître dans sa chaire ce jeune Italien, « dont les traits délicats et le teint d'une pâleur « maladive rappelaient, dit un de ses biographes, ceux de « Bonaparte au même âge, » et dont la parole ardente, toute alourdie qu'elle était par un accent italien très-prononcé, remplissait de vie les subtilités du Digeste et du Code, ce fut un enthousiasme dont il n'y a pas eu d'autre exemple à Genève. Peu de mois après, le 3 avril 1819, les magistrats de la République consacraient le vœu général en l'appelant lui, proscrit, catholique, Italien, à occuper la chaire de droit romain qu'avait illustrée Burlamacchi. C'était le premier catholique que l'Académie de Genève eût admis dans son sein depuis la Réformation. L'année suivante, il reçut des lettres de naturalisation et le droit gratuit de bourgeoisie, et fut élu député au Conseil représentatif; dans le courant de la même année, 1820, il épousa la fille d'un honorable négociant de Genève qui apporta enfin à cette existence agitée le bonheur et le repos. C'est ainsi que, dans l'espace d'un an à peine, par le simple effort de son esprit et les seules séductions de sa nature, obligé de surmonter des répugnances invétérées et de conquérir l'estime publique, il avait vaincu la fortune dans les conditions les plus défavorables et marqué sa place à Genève, sur ce théâtre où il ne devait pas cesser de grandir.

Quel théâtre que Genève à cette époque, la plus brillante assurément de son histoire! et quel honneur pour Rossi que son apparition y ait eu le caractère d'un triomphe! Genève, en effet, à l'époque où il y parut, offrait à l'Europe, à côté de l'admirable beauté de son lac et de ses montagnes, un spectacle plus grand que cette nature. Profitant des premiers désastres qui avaient arrêté sur sa route le génie de Napoléon et sans attendre le secours de l'invasion étrangère, elle avait osé secouer d'elle-même le joug de l'Empire et proclamer son indépendance en face du conquérant affaibli, mais encore debout. Cette audace lui avait été heureuse. Redevenue, en 1815, l'une des vingt-deux républiques de la Confédération suisse, elle avait trouvé dans la liberté des compensations à la gloire et aux bienfaits de sa réunion à la France. La liberté lui avait donné, en particulier, ce qu'elle seule peut donner : des hommes. Voyez son Académie, voyez ses Conseils. Là étaient Pictet de Rochemont, l'habile négociateur envoyé par la Suisse au congrès de Vienne ; de Sismondi, l'austère historien des *Républiques italiennes;* de Candolle, qui a attaché son nom à la physiologie végétale ; Dumont, l'ami de Mirabeau et le commentateur de Bentham ; Bellot, jurisconsulte éminent, modèle achevé des vertus publiques, qui fut bientôt pour Rossi le plus cher et le plus dévoué des amis ; tant d'autres enfin, illustres à divers titres. Tous ces savants, tous ces écrivains étaient des patriotes éclairés. Les uns, restés à Genève sous la conquête française, n'avaient cessé d'entretenir, de leurs conseils et de leurs exemples, la flamme du patriotisme genevois ; les autres, revenus avec la liberté, rapportaient une expérience recueillie dans les voyages ou dans l'exil ; mais les uns et les autres ne séparaient pas le goût de la vérité de l'amour de la patrie, et ils n'avaient pas d'autre ambition que de fonder, sur ce coin de terre incomparable, au centre de l'Europe, un double foyer de lumières et de liberté. Libre, savante, heureuse, telle était, plus que jamais, Genève en 1820.

Ce qui domine, à cette époque, dans la vie de Rossi, c'est l'enseignement. Professeur de droit romain à l'Académie, il fut un des premiers à profiter des travaux des Niebuhr, des Savigny, des Hugo, et à marcher sur leurs traces. Lorsque les manuscrits de Gaïus furent découverts, il les commenta

avec une érudition et une sagacité qui attirèrent sur lui
l'attention des savants d'Europe. M. de Savigny n'hésitait
pas à le proclamer le premier des jurisconsultes vivants
d'Italie et le plus grand des jurisconsultes de Genève depuis
Jacques Godefroy. En dehors de ces cours officiels, Rossi
donnait chaque année un certain nombre de cours libres,
où il exposait les matières les plus diverses, le droit des
gens, le droit constitutionnel, le droit criminel, l'économie
politique, l'histoire. L'orateur s'y déployait tout entier. Son
éloquence lumineuse, précise, originale, mélange rare de
logique et de passion, de calcul et d'enthousiasme, exerçait,
en se répandant sur tous ces sujets, une fascination dont il
était difficile de se défendre. Dans ses leçons sur l'histoire, il
transportait si parfaitement ses auditeurs au milieu du pays,
du temps, des personnages, du drame qu'il racontait, qu'on
était tout étonné, le cours fini, de se retrouver à Genève.
Bonstetten [1], dans une de ses lettres, constate cette impression, comme le triomphe habituel de l'éloquence de Rossi.

Un enseignement si étendu, qui aurait employé toute la
vie d'un autre homme, permettait encore à Rossi de se li-
vrer à des travaux d'une portée plus haute et plus générale.
Il avait fondé, dès l'année 1820, avec Dumont et Bellot, les
Annales de législation et de jurisprudence, dont le succès
fut très-rapide, mais qui durent presque aussitôt disparaître
devant les réclamations de la Sainte-Alliance. Ce recueil,
bien propre, en effet, à troubler le sommeil des cabinets
européens, avait pour but d'introduire l'équité, l'humanité,
le bon sens dans les lois civiles de l'Europe entière, de relever chez tous les peuples, non-seulement l'étude du droit,
mais le culte de la justice, de mettre partout les codes en
harmonie avec les idées et les mœurs de la civilisation nou-

1. *Charles-Victor de Bonstetten*, par Aimé Steinlen, p. 347.

velle, de poursuivre enfin, à côté de la réforme politique, ce
que Rossi appelait la réforme législative. C'était là une de
ses idées les plus chères, et, pour ainsi dire, une des idées
nécessaires de son intelligence. Il l'appliquait spécialement
à la réforme des lois et des institutions criminelles. Il n'y a
pas eu, dans notre siècle, un ennemi plus ardent de la tor-
ture, du secret, des commissions spéciales, de toutes les atro-
cités qui se couvraient encore du nom de la justice ; un partisan plus persuasif de la procédure orale, de la libre défense, du jury, de toutes les garanties données à l'accusé,
de tous les ménagements assurés au coupable. Qui a, mieux
que lui, compris, démontré, défendu, le noble et saint caractère de la justice pénale ? Dans cette grande controverse,
qu'il a partout poursuivie sans relâche, il apportait et il mêlait
ensemble les sentiments des deux siècles auxquels il touchait
par sa vie. Au xviiie siècle, il avait emprunté cet amour de
l'humanité, cette charité toute chrétienne qu'une philosophie
hardie avait cru puiser uniquement dans l'âme humaine
et qu'elle avait ravie à son insu à l'Évangile ; mais il tenait,
de plus, au xixe siècle par le sentiment, tout nouveau dans
le monde, que les formes de la justice pénale font partie des
institutions politiques, que l'intervention du pays dans la
justice par le jury est un corollaire de l'intervention du pays
dans le gouvernement par les assemblées, et que, pour em-
prunter ses expressions et son exemple, « le jury et le parlement anglais sont deux soutiens également nécessaires du
même édifice. »

C'est précisément sous cette double inspiration humaine
et libérale qu'il écrivit en 1829 son *Traité de droit pénal* :
livre subtil et profond, œuvre d'un philosophe plutôt que
d'un jurisconsulte, destiné à concourir moins à l'explication
des lois qu'à leur critique et à leur réforme, véritable philosophie spiritualiste du droit pénal, qui répondait, en 1829,

au sentiment public et qui reproduisit en Europe une partie de l'émotion suscitée un demi-siècle auparavant par le
Traité des délits et des peines, de Beccaria. Il ne faudrait
pourtant pas exagérer l'originalité de ce livre. Avant Rossi,
M. Cousin, dans son argument sur le Gorgias de Platon,
M. Guizot, dans son *Essai sur la peine de mort en matière
politique*, M. le duc de Broglie surtout, dans un article de
la *Revue française*, à propos d'un livre de M. Lucas, avaient
essayé, chacun selon la nature de son esprit, d'éclairer de
la lumière du spiritualisme les redoutables problèmes que
soulève l'exercice du droit de punir. Là où Beccaria ne
voyait qu'un effet particulier du contrat social, là où Mon-
tesquieu avait prononcé en passant le mot de talion, sans
se préoccuper autrement du problème qu'il effleurait, l'école
spiritualiste, personnifiée dans ces grands esprits, avait
imaginé cette théorie, désormais universellement acceptée,
qui concilie et tempère l'un par l'autre les deux principes
jusqu'alors en lutte, d'une part, le principe métaphysique
de la justice, d'autre part, le principe politique de l'utilité,
qui fait de l'un la règle, de l'autre la limite, et qui rat-
tache ainsi sans danger, mais non sans grandeur, la justice humaine à la justice éternelle, dont elle est l'image
lointaine, appropriée aux besoins des hommes. En recueil-
lant cette belle théorie, Rossi l'a développée et organisée;
il l'a introduite du domaine de la philosophie dans le
domaine de la science du droit; il en a appliqué les principes à tous les problèmes sur le délit et sur la peine, si
féconds en nobles anxiétés pour le législateur comme pour
le juge; il en a fait, en un mot, un traité méthodique, forte-
ment conçu, et où l'on ne sait ce qu'on doit le plus admirer,
de cette logique qui enchaîne les idées et fait sortir toutes
les conclusions d'un même principe, ou de cette entente du
cœur humain et des nécessités sociales qui corrige quelque-

fois la rigueur des déductions et répand sur tout le livre une sorte de lumière pénétrante et d'émotion contenue.

Le *Traité de droit pénal* n'était, aux yeux de Rossi, que les prolégomènes d'un travail plus vaste, qui aurait embrassé tous les détails de la législation criminelle, depuis chaque délit en particulier jusqu'à l'organisation judiciaire et à la procédure, et dans lequel il aurait retracé le tableau complet de la justice humaine. Les événements l'ont toujours empêché d'accomplir son œuvre. Son livre n'en a pas moins utilement servi cette cause de la réforme législative qui a été un des buts de sa vie. Rossi a contribué plus que personne à provoquer et à propager en Europe le mouvement d'où est sortie, en France, la réforme de 1832 ; et plus heureux que Beccaria, il a vu tomber sous ses yeux la plupart des abus qu'il avait dénoncés à la conscience publique.

Au moment où Rossi était entré, en 1820, dans le conseil représentatif, deux partis divisaient Genève : d'une part, à la tête des affaires, le parti aristocratique, composé d'hommes honnêtes, modérés, courageux, les mêmes qui avaient, en 1813, proclamé l'indépendance de la république, mais plus timides en face de la liberté qu'en face de Napoléon ; d'autre part, une opposition libérale, formée d'hommes plus jeunes, plus ardents, plus au courant des nécessités nouvelles, et dont les idées commençaient à émouvoir Genève. Par les tendances de son esprit, comme par ses antécédents, Rossi avait sa place marquée dans ce dernier parti ; mais il était, par-dessus tout, un homme de transaction, et d'ailleurs, étranger à Genève, attaché aux deux partis par l'amitié et la reconnaissance, sa situation lui eût commandé ce que la nature lui inspirait. Il fut, par devoir comme par instinct, conciliant et habile. Dans cette assemblée de savants où les affaires se traitaient en quelque sorte scientifiquement et

d'où les formes oratoires étaient bannies, il s'attachait moins
à montrer l'éclat de sa parole que la solidité de son bon sens
politique et la modération de son caractère. Au-dessus des
partis, les contenant l'un par l'autre, ingénieux à les rap-
procher, à apaiser leurs discordes, à mettre en lumière tout
ce qui les unissait jusque dans leurs divisions, il rallia bientôt autour de lui les esprits modérés des deux opinions ri-
vales.

Un débat mémorable qui s'éleva, en 1824, sur une loi
relative au mariage, et dans lequel Rossi prit, comme rap-
porteur, une part considérable, détermina la chute du
parti aristocratique et l'avénement de ce parti libéral modéré qui était son œuvre et dont il était l'âme. A partir
de ce moment, nous trouvons sa trace, sa parole, son
nom à toutes les pages de l'histoire de Genève. D'une
activité que rien ne déconcerte, que rien ne lasse, on le
voit prendre part à tous les travaux, à toutes les réformes.
De concert avec Bellot, il réorganise le système hypothé-
caire; avec Dumont, il entreprend la réforme des lois criminelles : il s'occupe du régime des prisons. Tout l'inté-
resse, tout le captive. Mais c'est surtout dans les lois
politiques qu'il est infatigable. Ces lois sur la presse, sur
les élections, sur l'administration des communes qui sont
aujourd'hui encore l'honneur de Genève, c'est lui qui les a
faites. Ces sages mesures par lesquelles l'aristocratique
république de 1813 est arrivée sans révolutions et sans
violences jusqu'à l'état démocratique où nous la voyons,
c'est lui qui les a inspirées. Passionné pour la liberté, mais,
comme toujours, plein de mesure dans sa passion, il a
communiqué à tout un peuple sa passion et sa mesure.
« Je veux bien, répondait-il après 1830, à un de ses collègues du conseil qui demandait toujours qu'on allât en
avant, je veux bien aller en avant, mais je veux savoir où

je vas ; » et ce « je vas» était dit avec tant de hauteur et d'autorité que l'assemblée entière applaudissait. Voilà l'image
de Rossi et de Genève, tout le temps qu'ils ont marché ensemble. Il a été, à partir de 1824, sinon le chef visible, du
moins, selon l'expression de M. Mignet [1], le dominateur
moral de la république. Aussi, lorsque les destinées de la
Suisse vont s'agiter, en 1832, dans la Diète de Zurich, Genève
ne croira pas pouvoir se faire plus d'honneur à elle-même,
ni être plus utile à la Suisse, qu'en envoyant à la Diète
l'homme qui personnifiait à ses yeux la liberté modérée.

La révolution de 1830 eut en Suisse un contre-coup
analogue à celui qu'elle eut en Italie et dans le reste de
l'Europe. En même temps qu'elle provoqua des révolutions
dans l'intérieur des cantons, elle rendit nécessaire la révision du pacte fédéral de 1815. Cette révision fut votée dans
la Diète de Lucerne le 17 juillet 1832, et une Diète extraordinaire convoquée dans ce but à Zurich. Sous l'impression
du mouvement libéral et des troubles qui agitaient alors
l'Europe, la Suisse reprochait au pacte de 1815 son origine,
les embarras qu'il apportait dans les affaires fédérales et
l'impuissance où il la plaçait en face de l'étranger ; elle
voulait à la fois réunir ses forces et affirmer son indépendance. Mais il était évident que la révision du pacte était
plus facile à décréter qu'à accomplir. Aux difficultés ordi-
naires d'une entente commune entre des populations si
diverses de races, de mœurs, d'institutions, de religions,
venaient se joindre des difficultés spéciales nées de la révolution de 1830. Dans l'ébranlement que cette révolution avait
imprimé à la Suisse, les institutions aristocratiques avaient
subi presque partout l'assaut de l'esprit révolutionnaire ; dans
certains cantons, elles avaient été victorieuses ; dans d'autres,

1. *Éloge de Rossi.*

vaincues et renversées ; des ligues acharnées, prêtes à en
venir aux mains, s'étaient formées de part et d'autre, soit
entre les cantons aristocratiques, soit entre les cantons
démocratiques. Enfin, pour mettre le comble aux embarras, la révision devait se faire sous le regard menaçant de
l'Europe, qui voyait avec déplaisir dans ces discordes une
protestation contre l'œuvre de 1815, une nouvelle cause de
troubles, et laissait vaguement entrevoir une intervention
prochaine.

Le gouvernement de Genève avait eu le sentiment de
toutes ces difficultés, et, en envoyant Rossi à la Diète, il lui
avait donné pour instructions de tenter entre les partis
extrêmes, de concert avec un petit groupe de cantons modérés, une de ces conciliations dont il avait l'audace et le
secret. L'œuvre sembla d'abord réussir. A peine arrivé à
Zurich, Rossi y fit sentir son influence. Il fut nommé mem-
bre de la commission de la révision du pacte. Puis, son
ascendant croissant toujours, il fut chargé par cette commission de présenter le rapport. Les événements pressaient.
Il se mit au travail avec une activité fiévreuse. Le rapport
fut terminé et déposé le 15 décembre 1832.

Il n'y a pas de lecture plus instructive et, malgré son
aridité inévitable, plus attachante que celle de ce rapport,
véritable monument de haute raison, de science politique,
de patriotisme. Rossi commence par établir nettement l'origine, le sens, la portée de la révision que veut la Suisse.
Rétablir l'harmonie désormais rompue entre la loi fédérale
et l'état du pays, voilà le but à atteindre. Opérer une double
transaction, d'abord de la théorie avec les faits, puis des
besoins et des opinions d'une partie de la Suisse avec les
besoins et les opinions de l'autre partie : voilà le moyen. Il
expose ensuite, suivant une théorie et une expression qui
lui sont propres , le principe dirigeant de la réforme à

accomplir. Il distingue, avec une rare sagacité, deux formes fédératives : l'une, appelée la Confédération d'États, dont le caractère distinctif consiste en ce que la souveraineté centrale n'emprunte son origine, sa force et ses droits qu'aux délégations des souverainetés particulières ; l'autre, nommée la République Fédérative, dans laquelle, au contraire, les pouvoirs particuliers n'existent que par les concessions du pouvoir central. De ces deux formes fédératives, laquelle convient le mieux à l'état politique de la Suisse ? L'examen des faits démontre que l'idée vivace, l'idée primordiale en Suisse, c'est l'idée de la souveraineté cantonale. Mais est-ce à dire que la souveraineté cantonale exerce un empire exclusif et que la patrie suisse ne soit qu'un vain mot, un prétexte dont les unitaires de 1798 ont couvert leurs débordements, mais sans réalité dans les consciences et dans les faits ? Là encore, l'observation et l'histoire élèvent à l'envi la voix en faveur de l'existence de cette nationalité Suisse, née au Grüttli dans le serment de trois peuples, fondée dans l'ambition d'une indépendance commune, cimentée depuis cinq siècles par les plus glorieux souvenirs et attestée jusque dans ces guerres civiles, impuissantes à user l'indestructible vitalité du lien fédéral. Ainsi le canton et la patrie suisse coexistent, l'un à côté de l'autre, et c'est dans la combinaison de ces deux principes, expression l'un et l'autre de faits réels et de sentiments nécessaires, que Rossi cherche le point de départ de la réforme proposée. En un mot, le principe dirigeant consiste à modifier la confédération d'États, créée par le pacte de 1815, en la rapprochant, sans la confondre avec elle, de la république fédérative.

Ce principe dirigeant étant fixé, Rossi l'applique aux bases de la nouvelle confédération, à l'organisation du pouvoir fédéral, aux détails infinis de cette œuvre essentiellement complexe, avec une logique, une dextérité, une connaissance des

2

affaires, une élévation de vues et souvent une éloquence vraiment admirables. Mais ce qui est plus admirable encore, c'est le sentiment qui anime tout ce rapport. Qui croirait que cet homme est un proscrit italien, fidèle à sa patrie native malgré ses malheurs et ses succès ? Il a tous les accents du patriotisme suisse : il est fier des victoires qui ont fondé l'indépendance ; il est humilié des revers ou des outrages que le drapeau de la Suisse a essuyés ; il sent profondément tout ce que la crise présente renferme d'honneur ou de honte aux yeux de l'étranger, suivant qu'elle aboutira ou à l'union et à la paix, ou à la guerre civile et à l'anarchie. Il adjure avec anxiété, presque avec des larmes, ses concitoyens d'écouter Dieu, la patrie, l'honneur national.
« Suisses, s'écriait-il dans son rapport, citoyens des vingt-
« deux cantons, notre édifice politique est profondément
« miné : il menace ruine de toutes parts ; au nom de la patrie,
« au nom de vos enfants, empressez-vous d'élever l'édifice
« nouveau. Au nom de la patrie, accourez tous au travail.
« Quel est celui d'entre vous qui, par quelques dissentiments
« partiels ou par de vaines querelles sur des formes, plutôt
« que de transiger avec ses frères, préfèrerait s'ensevelir avec
« eux sous les débris de la Suisse ? Vous que l'esprit du temps
« anime de tout son feu, modérez votre ardeur ; ralentissez
« le pas ; un mouvement précipité déchirera la patrie : la
« Suisse ne sera plus. Vous qui obéissez encore à l'esprit de
« vos pères et que d'antiques traditions paraissent enchaîner,
« au nom du pacificateur de la Suisse, du saint homme dont
« l'image orne vos places et vos temples, levez-vous ; levez-
« vous et consentez à marcher. En résistant aux vœux de vos
« frères, vous déchirerez la patrie, et la Suisse ne sera plus.
« Malheur à ceux que l'histoire inexorable accusera de la
« perte de la Suisse ! Malheur à leur nom ! Leur postérité
« sera flétrie ! Suisses des vingt-deux cantons, voici le mo-

« ment solennel où il est en votre pouvoir de prouver au
« monde qui vous observe, que notre régénération politique
« peut être enfin notre ouvrage. »

Rossi n'avait pas cependant d'illusions sur le succès de
son œuvre. Il connaissait trop bien l'état des partis extrêmes
et le trouble des idées pour ne pas voir que son projet allait
blesser de toutes parts des prétentions et des préjugés invin-
cibles; mais « le seul moyen de succès, disait-il avec plus
« d'esprit que de confiance, consiste à ne contenter pleine-
« ment personne. » Hélas! il mécontenta tout le monde
et pourtant il ne réussit pas. Grâce à des efforts désespérés,
le projet fut adopté par la Diète; mais il fallait encore obtenir la
sanction des vingt-deux cantons; et Rossi ne pouvait plus sou-
tenir son œuvre, au sein de ces populations diverses, des efforts
de son éloquence et de sa diplomatie. Ce projet si mesuré,
si sage, qui a gardé le nom de Pacte Rossi, revint à la
Diète criblé d'amendements et déchiré en quelque sorte par
les passions multiples qu'il avait prétendu unir. Il fut
honoré, en particulier, de l'examen et des critiques d'un
autre exilé, alors retiré à Arenemberg, dont ce premier
essai politique[1] mit en lumière les convictions libérales.
Enfin, après bien des alternatives, il fut définitivement
rejeté. Quelque préparé qu'il y fût, Rossi n'en fut pas moins
très-sensible à cet échec. La violence révolutionnaire devait
un jour reprendre et accomplir l'œuvre qu'il avait vaine-
ment tentée par la persuasion : il le prévit et il déplora avec
amertume l'obstination qui rendait ce résultat inévitable.
Le deuil des désastres futurs et de la guerre du Sonderbund

---

1. *Œuvres de Napoléon III.* Considérations politiques et militaires
sur la Suisse. « Je me borne à féliciter un peuple qui se gouverne
lui-même, qui tend journellement à se rendre plus digne de la
liberté et de ce grand nom de république dont nous n'avons eu
jusqu'ici que de si imparfaits modèles. »

pénétra dès-lors prophétiquement dans son âme. Au milieu de ces agitations et de ces déceptions, il avait usé sa santé, perdu sa fortune, compromis sa renommée. Il fut atteint de nouveau par le découragement, comme aux premiers jours de l'exil. « La barque, écrivait-il, fait eau de toutes parts. » Ce fut la France qui la sauva du naufrage.

Dès que Rossi avait jeté quelque éclat à Genève, il avait été introduit dans le cercle illustre qui se réunissait à Coppet autour de madame de Staël et qui devait lui survivre. Recommandé par son infortune, par son talent, par son succès, il y avait reçu un accueil d'abord curieux, puis sympathique, et à mesure qu'il y pénétra plus intimement, il y trouva des appuis pour son esprit, plus tard pour sa vie. L'exil, on le voit, l'avait assez bien conduit. Là, il s'était lié avec M. le duc de Broglie, l'un des esprits les plus fermes et les plus originaux de ce temps, dont l'influence sur son *Traité de droit pénal* est manifeste ; là aussi, et par l'intermédiaire de M. le duc de Broglie, il avait connu M. Guizot, qui a rendu sur lui dans ses *Mémoires* un admirable témoignage. Très-différent par le caractère, d'une souplesse et d'une finesse tout italiennes, il était, au fond, de la famille de ces grands esprits : il avait la même vue des choses humaines, les mêmes conceptions philosophiques et politiques, les mêmes espérances : il voulait, en un mot, les mêmes choses et il combattait les mêmes choses, ce qui est, comme l'a dit Salluste, la solide amitié. Celle de ces deux hommes a été l'honneur et la bonne fortune de la vie de Rossi.

La chaire d'économie politique du Collége de France étant devenue vacante par la mort de J.-B. Say, M. Guizot, alors ministre de l'instruction publique, eut la pensée d'y appeler Rossi et de l'attacher ainsi à la France et à sa cause. La nomination devait se faire sur la double présentation du

Collége de France et de l'Académie des sciences morales et politiques : le Collége de France présenta Rossi, mais l'Académie présenta Ch. Comte, qui en était le secrétaire perpétuel. Ce fut Rossi qui fut nommé. Comte fut d'abord très-blessé de se voir préférer un étranger, connu seulement en France par quelques articles de la *Revue française* et un *Traité de droit pénal;* mais telles furent les délicates prévenances de Rossi et telle était en même temps la hauteur d'âme de Comte, que le jour où Rossi, quelques années plus tard, se présenta à l'Académie des sciences morales, Comte mourant se fit porter à l'Institut pour lui donner son suffrage.

Le *Cours d'économie politique* justifia le choix de M. Guizot. C'est ainsi qu'en France comme en Suisse, obligé de lutter contre les mêmes défiances, Rossi répondait de la même manière à ses détracteurs, par le succès. Économiste par occasion plus que par vocation, il n'a doté la science économique d'aucune théorie nouvelle; ce qui n'est pas, tant s'en faut, un reproche à lui faire. Il n'a été ni un fondateur comme Smith, ni un rénovateur comme Bastiat. Mais il a exposé les résultats acquis avant lui dans la science avec une clarté, une méthode, une précision qui n'ont pas été égalées. Il a surtout rendu à l'économie politique un véritable service en établissant mieux qu'aucun de ses devanciers cette distinction de l'économie politique pure et de l'économie politique appliquée, qui est le salut de l'économie politique toutes les fois qu'elle touche à la direction des affaires. Livrée, en effet, à elle-même, l'économie politique est très-souvent portée à fermer les yeux sur tout ce qui divise les hommes, la race, les mœurs, les institutions, les obstacles de la nature, et à ne considérer dans le monde qu'un atelier et un marché immense; dans les hommes elle ne voit que l'homme et dans l'homme que la force qui produit et l'appétit qui consomme ; à force d'étudier dans le monde le phénomène de la richesse, elle arrive à en faire l'unique préoccupation et l'unique avenir de l'humanité ; et tout cela sans scrupule, avec la conviction qu'elle est toujours une science expérimentale ; parce qu'elle traite d'objets sensibles et qu'elle parle le langage des affaires. C'est le défaut qu'on peut reprocher, en général, aux fondateurs de l'économie politique en Angleterre, à Smith, à Ricardo, à Malthus lui-même. Avec une intelligence plus vive des choses humaines, Rossi a mieux compris que cette vaste conception du monde où disparaissent les limites, les divisions, les obstacles, ne peut être utile au développement de la science que comme ces conceptions idéales dans lesquelles le mécanicien étudie le jeu et la combinaison des forces avant qu'elles soient modifiées par les résistances et par les frottements. Il a bien mieux compris encore que les forces de cette mécanique sont en partie intelligentes et libres, et qu'il n'y a pas d'erreur plus fatale que d'imaginer un monde d'où l'âme est chassée. En empruntant donc aux économistes anglais leurs formules toutes rationnelles et, pour ainsi dire, algébriques, il y introduit les éléments qu'ils ont négligés : le temps, l'espace, les nationalités, la liberté humaine, et il les corrige d'après ces données. Il rend au monde sa figure et à l'homme son importance. Il porte enfin, jusque dans l'étude des faits économiques, toutes les qualités de sa nature, la pénétration du moraliste comme les vues de l'homme d'État. M. Mignet a dit ingénieusement qu'il faisait siennes les idées d'autrui en les rendant justes : on peut ajouter qu'il les rendait justes en les rendant applicables.

Le *Cours d'économie politique* est conçu tout entier dans cet esprit. Parcourez les principales questions qui se rattachent soit à la production, soit à la distribution de la richesse ; vous rencontrerez partout la même méthode. Voyez, par exemple, les deux leçons qui traitent de la liberté du commerce. Quel bon sens dans cette matière, où le parti pris a tant d'empire! Quelle sage distinction entre la liberté commerciale appliquée aux États nouveaux et la liberté commerciale appliquée aux États anciens! Ennemi du système protecteur, qu'il considère « comme un de ces circuits com-« pliqués où l'humanité s'est plus d'une fois égarée, » partisan de la liberté commerciale, comme de la véritable source de la prospérité des États, il ne la veut pourtant ni absolue ni soudaine; jusque dans son application aux États nouveaux, il admet, au nom de la politique et de l'économie politique elle-même, des restrictions commandées soit par les nécessités de la défense, soit par le progrès des États, qui satisferaient les partisans modérés du système protecteur; tandis que, dans son application aux États anciens, il lui impose cette équité, cette mesure, ces ménagements, auxquels l'orgueil des théories absolues a toujours préféré les victoires précipitées et hasardeuses. C'est le juste milieu de l'économie politique.

Un an après sa nomination comme professeur au Collége de France, Rossi fut chargé par M. Guizot d'inaugurer à la Faculté de droit de Paris la chaire nouvellement créée de droit constitutionnel. Cette seconde nomination, si rapprochée de la première, ne fut pas bien accueillie par l'opinion publique. D'ailleurs, cet enseignement de droit constitutionnel français confié à un Italien devenu Suisse, excitait naturellement quelques sourires. A l'École de droit, la chaire et le professeur déplurent également : la chaire, aux élèves dont ce nouveau cours augmentait les travaux ; le professeur, à ses collègues, au milieu desquels il était entré sans diplômes et sans concours. Les passions politiques se mêlant enfin à l'incident, on accusa le gouvernement de vouloir exercer,

par cet enseignement, une pression sur les doctrines politiques de la jeunesse. Tout ce qu'il y avait de vrai libéralisme
et de hardiesse sensée dans cette tentative d'un gouvernement qui, loin de jeter un voile sur ses institutions, avait
assez de confiance en elles pour en provoquer, au grand
jour et sous les yeux de tous, l'exposition dogmatique, tout
cela disparut derrière quelques partis pris et quelques per-
sonnalités. Cinq professeurs de l'École de droit se pourvu-
rent devant le Conseil d'État contre l'arrêté du ministre, et
quand Rossi parut dans sa chaire, il y eut presque une
émeute. Trois fois il y remonta, calme, impassible, dédai-
gneux des injures; trois fois il se vit fermer la bouche par
ce tumulte et ces violences qui composent le châtiment tra-
ditionnel infligé par la jeunesse à ceux qui ne sont pas dignes
de son estime et parfois aussi à ceux qu'elle n'a pas encore
su estimer. Le cours dut être momentanément suspendu.
L'année suivante, les passions étaient apaisées, les intrigues
déjouées : Rossi commença son cours au milieu des acclamations de cette même jeunesse, dont les défiances l'avaient
d'abord surpris et blessé. Le succès alla toujours croissant.
Obligé de composer avec le ministère qui l'avait nommé,
et avec l'auditoire qui l'écoutait, il mettait un art infini à
exprimer ses propres convictions politiques, sans effrayer
l'un et sans déplaire à l'autre. Quelques années ne s'étaient
pas écoulées qu'il avait conquis la sympathie des élèves,
l'estime de ses collègues, même les plus engagés contre lui,
et qu'il était nommé, aux applaudissements de tous, le
doyen de cette École, où il a laissé le souvenir, on pourrait
presque dire la légende, d'un esprit ingénieux et piquant,
indulgent à la jeunesse, peut-être un peu hautain, mais ra-
chetant ce défaut par une bonne grâce étudiée, qui désar-
mait les susceptibilités les plus opiniâtres, celles mêmes de
M. Bugnet.

Cet enseignement du droit constitutionnel, commencé au milieu de tant de bruit, et qui devait silencieusement finir le 2 décembre 1851, était encore une des idées chères à Rossi, et la manière dont il le concevait n'était pas sans grandeur. Déjà, dès 1820, il avait écrit à ce sujet, dans les *Annales de législation et de jurisprudence*, quelques pages où il démontrait la nécessité de diriger l'esprit de rénovation, qui pénétrait partout dans la jeunesse, et de préparer, par ce moyen, une solution équitable et pacifique aux problèmes qui agitaient l'Europe. Les yeux fixés sur l'expérience qui avait fermé le siècle dernier, il redoutait de voir les générations nouvelles aborder, sans règle et sans principes, ces menaçants problèmes. C'est dans cette pensée qu'il conseillait aux gouvernements d'établir, et qu'il aspirait lui-même à fonder en Suisse un enseignement du droit civil et politique, propre à conjurer ces dangers, qui considérerait l'homme, objet de la législation, sous ses trois aspects, l'homme abstrait, l'homme historique, l'homme actuel, qui, en d'autres termes, emprunterait à la philosophie ses principes, à l'histoire ses leçons, et qui éclairerait de cette double lumière le droit positif dont on verrait ainsi exactement les titres aux yeux de la raison et les racines dans le passé. Établie à cette hauteur, la science du droit, et en particulier la science du droit politique, acquérait à ses yeux l'importance d'un élément conservateur de l'ordre social, et devenait une de ces forces morales qui, seules aujourd'hui, gouvernent les peuples.

Les mêmes pensées patriotiques n'ont pas cessé d'animer son enseignement à Genève et à Paris. Le Cours de Droit constitutionnel tel qu'il vient d'être publié, d'après une sténographie, n'est pas seulement, selon le programme qui lui était imposé, le commentaire de la Charte de 1830 : il résume et coordonne, dans leur application aux lois et aux ins-

titutions de la France à cette époque, les principes de cette
grande école libérale, qui commence à Chateaubriand et finit
à Tocqueville, qui a eu l'honneur d'enseigner au monde
entier la formule du régime politique des sociétés modernes,
qui a donné à la France des écrivains, des orateurs, des
hommes d'État, dignes d'elle, plus de trente années de paix
et de prospérité, et à laquelle il n'a peut-être manqué, pour
exercer un empire plus durable, que d'avoir plus de foi dans
la liberté. Rossi appartient à cette école : il en adopte et en
expose les croyances, la philosophie politique, les préjugés mêmes. Il a, par exemple, un goût excessif pour l'action de l'État; il exagère l'importance de certaines formes;
il croit qu'on rend la liberté plus forte en la mesurant.
Mais ce qui lui est particulier et ce qu'il est bon de
retenir, dans l'état actuel des idées et des faits, ce sont certaines tendances et, pour ainsi dire, l'accent genevois de
son enseignement : « Vous n'êtes ni Romains, ni Spar-
« tiates, disait un jour Rousseau aux citoyens de Genève,
« vous n'êtes pas même Athéniens. Laissez-là ces grands
« noms qui ne vous vont point. Vous êtes des mar-
« chands, des artisans, des bourgeois, toujours occupés
« de leurs intérêts privés et pour qui la liberté même
« n'est qu'un moyen d'acquérir sans obstacle et de pos-
« séder en sûreté. » Rossi, devenu Genevois, fut digne
toute sa vie du mépris de Rousseau. Sans dédaigner
dans la liberté ce qui fait la passion des esprits cultivés et
des âmes généreuses, il pensait qu'elle était faite aussi pour
les ignorants, pour les esprits vulgaires, pour tout le monde,
et il ne manquait jamais, dans son cours, d'en mettre en lumière les avantages pratiques. Convaincu avec tristesse que
les hommes font souvent meilleur marché de leur dignité
que de leurs intérêts, et qu'on ne saurait trop leur montrer
ce qui les élève, étroitement uni à ce qui leur est utile, il

croyait servir la France en présentant aux jeunes gens qui l'écoutaient, les lois et les institutions politiques alors exis- tantes, non-seulement comme l'œuvre de la raison même, comme une source de grandeur morale, mais encore comme un moyen « d'acquérir sans obstacle, de posséder en sû- « reté, » de mettre à l'abri les biens et la vie, de ne faire la guerre que lorsqu'elle est juste, de garder la paix quand elle est nécessaire, d'écarter, en un mot, les anxiétés terribles des peuples qui ne sont plus les maîtres d'eux- mêmes.

Cette doctrine de la liberté modérée, avec ses préjugés et ses avantages, Rossi a fait plus que de l'enseigner par sa parole et par ses écrits, il lui a dévoué sa vie. Il en a été tout ensemble le professeur et le soldat. Sui- vez-le dans les trois patries qui l'ont adopté. En Italie, à la suite de Murat, alors qu'on pourrait le croire un révolutionnaire, il avait déjà les yeux fixés, son mémoire justificatif en fait foi, sur ces principes d'ordre et de progrès qu'il n'a jamais trahis. En Suisse, à Genève et à Zurich, nous l'avons vu tenter la même œuvre de concilia- tion au profit des mêmes principes. En France, c'est le parti constitutionnel qui l'appelle et dont il seconde les efforts. Enfin, quand la révolution de 1848 va disperser et anéantir le parti constitutionnel dans l'Europe entière, il restera, à Rome, inébranlable, à la tête de cette cause partout ailleurs vaincue, concentrant en lui toutes les espérances et toutes les haines ; et, au moment où il tombera sous le crime, nous pourrons lui appliquer presque à la lettre ce que Saint-Simon disait de Turenne : «La mort le couronna d'un coup de canon à la tête de l'armée!» On a dit un jour injustement qu'il n'avait ni opinions, ni patrie. Voilà sa patrie : c'étaient ses opinions! Acceptant de bonne heure le changement et l'exil comme la condition normale de son existence, il s'était ainsi fait, au-dessus des atteintes de la fortune, dans les régions du vrai et du juste, une sorte de patrie intime et mobile, qu'il emportait partout avec lui et où réside l'unité de sa vie. Oserai-je le dire? avec les différences que comportent les époques et les hommes, il rappelle en quelque façon ces capitaines italiens du moyen âge qui couraient le monde à la poursuite de la gloire et qui mettaient au service des États leur courage et leur épée; mais Rossi a eu un plus noble mobile : il a été, au XIXe siècle, un condottiere au service de la liberté.

Cependant, à travers tant de luttes et de travaux, Rossi s'imposait de jour en jour davantage. Il fut nommé pair de France en 1839, à peu près à l'époque où il entrait à l'Académie des sciences morales et politiques. L'élévation de son esprit, la connaissance qu'il avait des affaires, l'habileté avec laquelle il les traitait, lui firent en peu de temps une place considérable à la Chambre des pairs et dans l'opinion publique. Il prit une part active à la discussion de la la plupart des lois administratives, et fut chargé de divers rapports importants. Une seule fois, en 1844, il aborda les discussions politiques : c'était dans la discussion du projet de loi sur l'enseignement secondaire qui divisait alors l'Église et l'État, et dans cette question difficile, entre la vive éloquence de M. de Montalembert et le grand langage de M. Cousin, il eut un succès éclatant. A la suite de ce succès, tous les yeux se tournèrent vers lui comme vers un futur ministre de l'instruction publique. Mais les événements allaient encore une fois détourner sa carrière et le conduire vers de plus hautes destinées. Dans le courant de l'année 1845, il fut envoyé à Rome, comme ministre extraordinaire.

Au milieu des débats sur la liberté d'enseignement, auxquels Rossi avait pris part, un grave incident s'était produit.

L'opposition avait tout à coup réclamé l'application aux
jésuites des lois contre les ordres religieux. Le ministère,
trop modéré pour appliquer ces lois, avait résolu, pour sortir
d'embarras, d'obtenir du saint-siége la dispersion volon-
taire des jésuites, objet du conflit ; et c'est dans ce but que
Rossi était envoyé à Rome. Si une négociation devait causer
quelque surprise, c'était bien celle-là. Quoi donc ? On allait
demander à Rome de frapper de ses propres mains une congrégation fidèle et dévouée, vivant sous la protection des lois
de l'Église ! et qui envoyait-on comme négociateur ? un
ancien sujet rebelle, un émigré, presque un proscrit. Rien
ne paraissait plus certain que l'issue malheureuse d'une
pareille tentative. Mais on ne connaissait ni Rossi, ni Rome.
Raconterai-je en détail cette négociation, les défiances dont
Rossi fut d'abord entouré, son habileté pour les vaincre, sa
patience, son silence, ses lenteurs calculées, puis tout à
coup ses objurgations pressantes, ses menaces, toutes ces
péripéties enfin, dont M. Guizot a tracé le tableau animé ?
Un mot résume tout : il réussit. Quand les rapports com-
plexes existant aujourd'hui en France entre l'Église
et l'État auront fait place à des rapports à la fois plus
simples et plus dignes, on ne lira pas sans étonnement
le récit de cet incident curieux et triste, où l'on vit une opposition libérale invoquant des lois de proscription, un
gouvernement conservateur recourant à l'étranger pour
éluder les lois du pays, une congrégation religieuse devenue un péril public, et, au bout de tout cela, une négociation
dont le succès ne paraîtra pas moins étrange que la pensée
qui la conçut et les passions qui l'inspirèrent.

Rossi avait trop bien réussi à Rome pour que le gouvernement ne l'y maintînt pas. Il n'était que ministre extraordinaire : il fut nommé ambassadeur. Grégoire XVI, d'ailleurs, était mourant. L'Italie approchait d'une grande crise.

Il fallait un homme tel que Rossi, pour veiller, à tout événement, aux intérêts de la France.

Il n'était pas difficile, en 1846, de prévoir qu'une crise prochaine et inévitable allait changer la face de l'Italie. Extérieurement, l'Italie était dans le même état qu'en 1815, et cet état pouvait se résumer d'un mot : l'Autriche établie militairement à Milan et à Venise ; puis, sous sa domination et soumis à sa politique, Léopold II en Toscane, Ferdinand II à Naples, Grégoire XVI à Rome, et enfin à Turin Charles-Albert lui-même, mystérieux, irrésolu, tantôt encourageant les idées libérales, tantôt les proscrivant avec dureté, et n'ayant qu'une idée fixe, l'ambition de sa race. Mais, sous ces gouvernements immobiles, la nation avait marché. A mesure que la domination autrichienne s'était appesantie sur l'Italie et que la liberté avait grandi en Europe, les Italiens avaient senti de plus en plus l'amertume de ce contraste. En même temps qu'ils avaient comparé, ils s'étaient souvenus ; ils avaient relu leur histoire. L'idée d'une patrie, et d'une patrie libre, s'était formée dans ces malheurs et dans ces souvenirs. D'abord timide et concentrée dans les classes élevées, elle avait bientôt envahi avec violence la nation tout entière. Des sociétés secrètes s'étaient organisées de toutes parts, dernière ressource des peuples qui n'ont pas de vie publique. Quelques livres, justement célèbres, de Gioberti, de Balbo, de Maximo d'Azeglio, en donnant au sentiment national une formule et une mesure, l'avaient rendu irrésistible. Il était résulté de tout cela, entre les gouvernements et les peuples, les institutions et les idées, un désaccord, un divorce, qui s'était traduit d'abord par un malaise croissant, puis par des agitations périodiques, par des insurrections toujours comprimées, jamais vaincues, puis enfin par cette sorte d'attente qui saisit quelquefois les peuples à l'approche des heures solennelles. Tout à coup Pie IX parut et proclama l'amnistie.

Avez-vous vu quelquefois, quand le ciel est déjà noir et
que la tempête gronde à l'horizon, un rayon inattendu per-
cer les nuages, mettre la tempête en fuite et répandre sur
la nature la sérénité et la joie ? Tel fut, et plus vif encore,
l'effet, trop oublié aujourd'hui, du premier acte du règne de
Pie IX. Les populations romaines poussèrent un cri de dé-
livrance ; les Apennins s'illuminèrent ; l'Italie tressaillit
comme si elle allait revivre ; l'Europe entrevit le repos et la
paix dans le contentement de l'Italie. Une espérance plus
haute encore traversa les âmes. Qui aurait osé dire alors
que la Papauté était incompatible avec le progrès et la civilisation moderne ? Ne disait-on pas, au contraire, que tous
les malentendus avaient fini, que la Papauté avait repris
sa place à la tête de la civilisation et que l'esprit religieux et
l'esprit de liberté, indissolublement unis l'un à l'autre,
allaient marcher ensemble à la conquête des générations
nouvelles ? C'était, en un mot, le rêve fameux de Gioberti qui,
par une sorte de prodige, semblait toucher la terre, mais
plus pur et plus grand qu'il ne l'avait conçu. D'un bout du
monde à l'autre, de l'Amérique comme de l'Europe, de la
tribune comme de la presse, du sein de la philosophie
comme du sein de la religion, les mêmes acclamations s'éle-
vèrent vers ce pontife pieux, candide, voulant le bien, disposé
à lui vouer sa vie, qui avait fait de la charité le principe et
le symbole d'une révolution politique !

Mais l'amnistie n'était que le premier pas et l'annonce
d'une politique. Il fallait entrer résolûment dans la voie
qu'elle avait ouverte. Le moment était venu d'aborder sans
témérité, mais sans faiblesse, cette œuvre difficile de la
réforme d'un État vieilli, difficile partout, plus difficile
encore à Rome où les abus d'un gouvernement d'ancien
régime avaient été aggravés par le passage de la centralisa-
tion française. Et ce n'était là que le commencement de

l'œuvre ! Encore un peu de temps, et de bien autres problèmes allaient surgir de toutes parts : après les réformes
administratives, les réformes politiques ; après les réformes
des États romains, les réformes de l'Italie ; après les réformes de l'Italie, la conquête de l'indépendance nationale, la
guerre contre l'Autriche ! Qu'allait devenir, au milieu de
tant d'incertitudes et de périls, cette âme de prêtre faite
pour le pardon et pour la prière ? Pie IX suffirait-il seul à
cette œuvre immense ? Trouverait-il autour de lui les appuis
nécessaires pour l'entreprendre et pour la conduire ?

C'est ici que nous rencontrons Rossi et la France.

A Dieu ne plaise que j'essaye de raconter dans ses détails
l'histoire des deux années si dramatiques qui séparent ce
radieux avénement de l'émeute sanglante qui en couronna
les bienfaits, ni que je veuille toucher, même d'une main
légère, aux discordes qui troublent encore en ce moment
l'Europe et qui divisent d'une manière si fatale les amis de
la liberté !

Ce que je cherche uniquement au milieu de ces événements, c'est Rossi, son rôle, son influence, ses convictions.

Rossi, quoi qu'on en ait dit souvent, n'avait eu aucune
influence directe sur l'élection de Pie IX. Usant des droits
de l'ambassadeur de France, il s'était contenté de visiter les
cardinaux réunis en conclave, et de peindre à chacun d'eux,
en quelques vives paroles, tout ce qu'il y avait de pressant
et de nouveau dans les intérêts de l'Italie et de l'Église. Il
n'avait eu non plus aucune part, même la plus éloignée, à
la proclamation de l'amnistie, acte spontané de Pie IX, né
à la première heure de son pontificat d'un mouvement du
cœur plutôt que d'une vue politique. Mais le jour où les
réformes commencèrent, son rôle commença avec elles. Dès
les premiers entretiens avec Pie IX, pendant que Rossi

admirait l'enthousiasme, l'ardeur naïve, la courageuse volonté du Pontife réformateur, celui-ci comprit, de son côté, tout le secours qu'il pourrait tirer de l'expérience, du bon sens politique, de l'énergie de l'ambassadeur de France. Accueilli avec sympathie pour sa personne, avec déférence pour ses idées, investi en outre de l'autorité de son titre, Rossi demeura jusqu'au dernier jour le conseil actif, sagace, infatigable, de Pie IX. Et ce n'est pas un des moins singuliers contrastes de cette vie si singulière que de voir cet émigré, cet ancien ministre de Murat, qui avait dans sa jeunesse secoué à Bologne l'autorité romaine, devenu, au déclin de sa vie, le conseil, et plus tard le ministre de ce même pouvoir contre lequel il s'était insurgé; soutenant de tout son esprit et de tout son courage l'édifice naguère ébranlé par ses mains; et, après qu'il avait souffert l'exil pour avoir combattu la Papauté, recevant la mort pour l'avoir servie!

Dans ce rôle inattendu et au milieu de cette crise, ai-je besoin de dire que la première préoccupation de Rossi, c'était l'intérêt de la France! Ambassadeur, il ne pouvait pas l'oublier; mais ses sentiments étaient en parfait accord avec ses devoirs. Le gouvernement français, à cette époque, poursuivait, en Italie et à Rome, une politique qui, entre autres mérites, avait celui d'être nette : en Italie, il encourageait, tout en les modérant, les vœux de liberté et d'indépendance; à Rome, il appuyait énergiquement la Papauté de ses conseils, de son influence; il l'eût, au besoin, secourue de son armée; il faisait mieux encore, il la respectait devant l'Europe. Cette politique était bien celle de Rossi; il comprenait ainsi la grandeur et le devoir de la France, et, par une suite de ces transformations qui étaient le trait distinctif de sa nature, il employait à cette œuvre les mêmes ressources d'esprit, la même ardeur qu'il avait mises naguère au service de la Suisse.

A côté de l'intérêt de la France, il y avait pourtant dans l'esprit de Rossi un sentiment plus profond et plus vivace : l'amour de l'Italie ! et c'est là que nous pouvons toucher jusqu'au fond de ce contraste la puissante harmonie de cette existence. Ce qu'il avait combattu, en 1815, dans la Papauté, c'était l'alliée de l'Autriche, l'ennemie de l'Italie. Ce qu'il soutenait, en 1846, dans la Papauté, c'était, suivant ses propres expressions, « la dernière grandeur vivante » et le salut de l'Italie. Cette grande cause de la liberté et de l'indépendance italiennes, il avait cru la trouver un jour dans les plis des drapeaux de Murat et dans l'entreprise d'une monarchie militaire victorieuse de l'Autriche ; il la trouvait maintenant dans l'âme d'un saint Pontife et dans l'entreprise d'une Italie régénérée et confédérée sous l'inspiration de la Papauté. L'idéal n'était certes pas le même. Il y avait entre les deux tentatives toute la distance qui sépare l'amour téméraire de la jeunesse de l'amour éclairé et agrandi par l'âge, l'expérience et l'exil ; mais le but n'avait pas changé, et c'était bien le même patriote italien, rebelle à Pie VII, qui se retrouvait tout à coup dans l'ambassadeur de France, devenu le conseil de Pie IX.

Enfin, au-dessus de l'intérêt de la France, au-dessus de l'amour de l'Italie, Rossi plaçait des intérêts plus généraux et plus élevés encore. Non pas qu'il fût de ces politiques à large vue qui se piquent de ne faire jamais les affaires d'un seul peuple, mais celles de tous les peuples. A ce point de vue, Rossi était un des plus fermes représentants de ce qu'on appelle aujourd'hui la vieille politique. Suisse, il cherchait surtout l'intérêt de la Suisse ; Français, celui de la France ; Italien, celui de l'Italie. Mais il ne fermait jamais les yeux aux côtés généraux des questions qui se posaient devant lui, et il sentait profondément, par exemple, qu'au milieu des agitations politiques de l'Italie il n'y avait pas seulement en jeu la simple destinée d'un pouvoir qui tombe ou qui se relève, mais l'équilibre même de la société moderne et l'indépendance des consciences chrétiennes. Toute cette organisation de la société catholique, telle qu'elle est sortie du travail des siècles, avec un Pape souverain pour être indépendant, lui paraissait justement digne de quelque sollicitude ; il ne voyait pas dans l'état actuel du monde les éléments d'une autre organisation également sûre, et il estimait la foi une chose trop haute pour vouloir l'exposer à tous les hasards d'une expérience.

C'est sous l'empire de ces trois sentiments qui, par une heureuse coïncidence, pouvaient se mêler et se confondre dans son âme, qu'il avait porté sur la situation de l'Italie et de la Papauté un regard d'une fermeté singulière, et qu'il avait tracé à l'une et à l'autre la route au bout de laquelle était le salut.

Deux partis étaient nés en Italie de l'ordre de choses créé par le congrès de Vienne. L'un, que Rossi appelait le parti réformateur, voulait obtenir, avant tout, les réformes intérieures et leur subordonnait l'indépendance nationale ; l'autre, qu'il appelait le parti national, n'avait qu'un but immédiat, l'indépendance, à laquelle il subordonnait les réformes intérieures. Où était, pour l'Italie, la voie la plus sûre ? Lequel de ces deux partis était le plus propre à lui rendre la plénitude de la vie politique ? Les esprits étaient partagés : l'un et l'autre pouvaient s'autoriser de noms illustres, le parti réformateur, de Gioberti, le parti national, de César Balbo ; l'Italie, incertaine, anxieuse, attendait que les événements en décidassent. Rossi n'hésitait pas. Représentant d'un gouvernement qui mettait sa gloire à faire de la liberté modérée et pacifique le principe de sa politique en France et en Europe, il ne cessait de répéter aux Italiens que la régénération de la patrie devait être une œuvre de paix et de liberté, non une œuvre de guerre et de révolution ; qu'il fallait à tout prix éviter ces deux extrémités également redoutables ; que l'œuvre immédiate à accomplir, c'était l'œuvre des réformes intérieures ; que le triomphe de ces réformes opérées dans chaque État devait précéder et amener le triomphe de l'indépendance, comme si chaque pas de la liberté en Italie devait être une victoire contre l'Autriche. Il s'attachait ainsi à former au sein de l'Italie, ce qui lui a toujours manqué, un parti imbu de ces principes, ferme dans le but, modéré dans les moyens et capable de la conduire sans violence des mains de l'Autriche à la liberté, puis à l'indépendance.

Quant à la Papauté, quel devait être son rôle dans le mouvement qu'elle avait inauguré elle-même ? Il ne s'agissait pas de mettre en question son existence. L'Italie lui devait tout : dans le passé, ses libertés communales, son indépendance, sa suprématie religieuse ; dans le présent, le réveil et la vie : elle le savait alors et elle en était fière. Il s'agissait de savoir si Pie IX serait un Pape italien ou un Pape réformateur. Là encore Rossi appliquait les mêmes principes. Éclairer et contenir le parti national en décourageant ses impatiences, satisfaire le parti réformateur par la répression énergique des abus, par des réformes civiles et politiques, provoquer enfin entre les princes italiens une ligue dont le pape serait l'inspirateur et le chef : voilà ce que Rossi attendait de Pie IX. Et non-seulement il indiquait les abus à corriger, les réformes à entreprendre, mais encore la manière d'opérer ces réformes. A mesure que le sentiment national s'était réveillé à Rome et en Italie, l'œuvre entreprise par Pie IX s'était étendue et compliquée. Les entraînements étaient devenus plus forts, les résistances plus opiniâtres. Impuissant à dominer les uns et les autres, incapable de refuser à des populations surexcitées ce qu'elles lui demandaient avec des acclamations, non moins incapable de forcer les esprits timides attachés aux vieilles traditions, ayant détruit l'ancien gouvernement sans avoir édifié le nouveau, isolé entre des passions croissantes et des abus inébranlables, Pie IX apparut bientôt comme un homme perdu entre la marée montante et le roc immobile. C'est ce danger que Rossi avait signalé avec sagacité dès le premier jour. Il le faisait comprendre à Pie IX, et il essayait de lui donner le courage nécessaire pour fixer les limites des réformes qu'il voulait faire, les accomplir promptement, et, une fois faites, rentrer dans la voie ordinaire des gouvernements réguliers.

Cependant, grâce à ses conseils et à travers tous les obstacles, le mouvement aboutissait. A Rome, l'organisation d'une consulte d'État, l'établissement d'une garde civique, d'un régime municipal, divers décrets qui donnaient à la presse des garanties contre la censure et qui instituaient un conseil des ministres, en partie laïque, d'autres réformes projetées dans l'ordre judiciaire, une union douanière conclue entre la Toscane et le Piémont, où était contenue en germe la pensée d'une ligue italienne, toutes ces réformes, accomplies avec hésitation, mais avec sincérité, avaient donné la preuve de la bonne volonté de Pie IX et satisfait en partie l'opinion publique. Mais la liberté est contagieuse. A Turin, à Florence, à Naples même, l'exemple de Pie IX était suivi. De toutes parts, les peuples se levaient, et, comme à Rome, à force d'acclamations, arrachaient aux princes des réformes ou des promesses. Au commencement de l'année 1848, l'Italie entière était en feu. Tout à coup les événements se précipitèrent. Sous la pression de l'insurrection de la Sicile, le roi de Naples promulguait le premier un statut constitutionnel. Peu de jours après, le grand-duc de Toscane faisait une concession analogue. Quelques jours encore, et le Piémont allait voir le régime constitutionnel inauguré par le comte Balbo. A Rome enfin, la question des rapports du régime parlementaire avec la souveraineté pontificale était mise à l'étude, sous les auspices mêmes de Rossi. L'Autriche était vaincue sans combat. L'influence française, solidement établie à Rome, dominait la Péninsule. Le matin du 24 février 1848, le ministre des affaires étrangères de Russie, M. de Nesselrode, pouvait écrire, dans une dépêche célèbre, que, « grâce aux changements survenus en Italie, la « France avait gagné par la paix plus que la guerre ne pouvait « lui donner. » Le soir même, la monarchie de 1830 n'existait plus et l'Italie était emportée dans la tempête.

La révolution de 1848 fut injuste à l'égard de Rossi. Elle ne lui enleva pas seulement son ambassade à Rome, mais encore son titre de professeur à l'École de droit. Elle voulait frapper en lui l'ami des hommes tombés : elle frappait du même coup la France en la privant d'un de ses enfants adoptifs les plus illustres. Rossi supporta ce coup avec fermeté, mais non sans amertume. Ce n'est pas à soixante ans, comme il avait alors, qu'on peut reprendre sans trouble le chemin de l'exil. Retiré à Frascati, il y assista en spectateur ému aux événements dont l'Europe était le théâtre; et il résuma ses impressions dans trois lettres qui devaient paraître sous ce titre : *Lettres d'un dilettante de la politique sur les événements de France, d'Allemagne et d'Italie.* Ceux qui l'ont approché à cette époque rendent témoignage de la hauteur de vue, peut-être mêlée de quelque dédain, avec laquelle il avait accepté son nouveau sort. Sans patrie, vaincu encore une fois avec la cause qu'il avait embrassée, il ne pensa pas un seul instant à en servir une autre, et à porter à la cause triomphante des hommages qui n'étaient pas dans son cœur; mais, attentif aux événements, il regardait vers tous les points de l'horizon s'il n'y avait pas quelque.part un lieu, un peuple, une patrie où il pût consacrer les derniers efforts de sa vieillesse aux principes qu'il avait défendus toute sa vie.

Rome le retint. Après la démission du ministère Mamiani, Pie IX fit appel à Rossi. Ce dernier hésita longtemps. La situation n'était plus la même qu'au commencement du règne. La révolution de 1848, en dispersant dans l'Europe entière le parti constitutionnel, avait enlevé à Pie IX son meilleur appui. L'Italie s'était jetée aveuglément dans une guerre contre l'Autriche. A l'appel de Milan et de Venise insurgés au cri de : Vive Pie IX! Charles-Albert, longtemps indécis, avait franchi la frontière et entraîné à sa suite les princes et les peuples. Mais la guerre n'avait pas été heureuse. Le drapeau autrichien, un instant chassé par l'insurrection, flottait de nouveau sur l'Italie humiliée. Cette guerre avait été encore plus fatale à Pie IX qu'à l'Italie. Pour n'avoir pas voulu y prendre part, pour avoir gardé entre l'Autriche et l'Italie la réserve que lui commandait sa qualité de Pontife et de père des peuples, il avait compromis sa popularité et perdu son prestige. Les passions, désormais sans frein, commençaient à creuser l'abîme. Dans cette situation, Rossi proposa des conditions qui parurent d'abord inacceptables; mais les circonstances étaient pressantes : Pie IX n'avait plus d'espoir qu'en lui. De nouvelles instances eurent plus de succès. Le 15 septembre 1848, Pie IX constituait un ministère dont Rossi était le chef, non pas nominal, mais réel.

Un jour, à la Chambre des pairs, dans un de ses rares discours politiques, rappelant à grands traits comment l'Église, à toutes les époques de son histoire, avait su adapter son action aux nécessités et aux mœurs des sociétés où elle avait vécu, Rossi avait exprimé le vœu de la voir bientôt accepter et consacrer, malgré ses défiances passagères, les institutions politiques des sociétés modernes. Ce vœu était exaucé, au delà même de toute attente. Tout ce régime nouveau de publicité, de contrôle, de volonté populaire, qu'on avait si longtemps contesté au nom des traditions les plus saintes, il existait dans la Ville éternelle ! Le Parlement romain siégeait entre le Forum et le Vatican ; sur la terre où les conciles avaient dicté les lois de la société religieuse, une assemblée librement élue écrivait les lois de la société civile ; et c'était Rossi lui-même, à la tête d'un ministère responsable, qui avait accepté l'honneur d'achever cette ébauche et de réaliser à jamais ses propres espérances !

Le voilà au sommet de sa vie ! En Suisse, en France, en Italie même, il n'a jamais été aux prises avec une œuvre plus grande et plus belle. La Religion, la Liberté ont les yeux fixés sur lui. Il tient dans ses mains l'avenir du monde. La grandeur de l'entreprise l'inspire et l'anime. Il se multiplie. Il porte dans tous les détails de l'administration un regard vigilant et sévère. Il obtient du clergé romain un don considérable qui doit relever les finances. Il organise une force publique sur laquelle il puisse compter. Sa pensée s'étend en même temps sur l'Italie tout entière. Il reprend le projet d'une ligue italienne, deux fois tentée par Pie IX. Il négocie à ce sujet avec le Piémont dont il rencontre et dont il combat les précoces convoitises. Deux mois d'une administration active et ferme ont déjà ranimé les courages. Enfin, le Parlement est convoqué pour le 15 novembre, et il ouvrira lui-même la session par un discours qui doit, dans sa pensée, porter le dernier coup aux partis extrêmes. Que fût-il sorti de tant de dévouement, d'habileté, de génie ?

Était-il temps encore de relever l'Italie défaillante et de l'organiser sous les regards et sous la main de la Papauté ? Le succès allait-il couronner une œuvre si courageuse et si belle ? L'Italie aurait-elle gagné à sa vie autant qu'elle a perdu à sa mort ? Croyons-en la perspicacité de l'esprit de désordre et d'anarchie. Il y a, sur la route de la démagogie, un homme qui l'importune, qui l'arrête, qui est capable de la vaincre : c'est Rossi. Il sera sacrifié !

On raconte que la veille du jour fixé pour le meurtre, quelques hommes se réunirent, à la faveur des ombres de la nuit, dans une petite salle de spectacle des faubourgs de Rome, et que là, dans ce lieu du plaisir et de la joie, à la lueur d'une lampe obscure, l'un d'eux s'essaya sur un cadavre à porter d'une main assurée un coup mortel. Mais de telles fictions sont inutiles pour ajouter à l'horreur de ce crime.

Des présages de mort circulaient depuis quelques jours. Le matin même du 15 novembre, Rossi eut de divers côtés des avertissements précis. La duchesse de Rignano, femme du ministre de la guerre, lui écrit un billet auquel il répond avec assurance et enjouement. Pendant le déjeuner, il essaye de calmer, par son attitude plus encore que par ses paroles, les pressentiments de sa femme et de ses deux fils. A midi, il se rend au Quirinal et demande au Pape ses dernières instructions. « Je n'en ai pas d'autres à vous donner, dit Pie IX, que de prendre toutes les précautions nécessaires pour éviter à nos ennemis un grand crime et à moi une immense douleur. » En sortant de l'appartement du Pape, il rencontre un curé de Rome qui le prend à part. « Que voulez-vous ? lui demande brusquement Rossi. — Vous sauver, » répond l'ecclésiastique, qui lui raconte, tout épouvanté, comment il a eu la révélation du crime qui se prépare. L'âme héroïque de Rossi se trouble :

il s'arrête, il réfléchit un instant ; puis il reprend sa marche en disant : « La cause du pape est la cause de Dieu. » Il monte en voiture avec le banquier Righetti, sous-secrétaire d'État au ministère des affaires étrangères ; il s'entretient tranquillement avec lui de ses périls, de ses projets, de la victoire qu'il va remporter. Ils arrivent dans la cour de la Chancellerie, que remplit une foule tumultueuse. Le silence le plus profond les accueille ; puis, la voiture s'étant arrêtée, quelques murmures s'élèvent. Rossi les entend sans émotion. Il laisse tomber lentement sur la foule un regard où se peignent l'assurance et le mépris. Il monte au milieu des groupes compactes l'escalier qui conduit au palais. Mais à peine a-t-il gravi quelques marches, qu'un des conjurés, un vieillard, dit-on, le frappe à l'épaule gauche : c'était le signal : pendant qu'il retourne la tête, un autre lui plonge son poignard dans le cou. Il tombe, se relève, porte le mouchoir à sa blessure, fait quelques pas, retombe et expire, sans proférer un seul cri, sur le seuil de ce palais qu'il allait remplir de son éloquence.

On sait tout ce qui a suivi : la garde civique demeurant témoin impassible du meurtre ; le Parlement romain continuant à écouter la lecture du procès-verbal : le soir, la joie éclatant dans Rome ; la foule répandue dans les rues avec des flambeaux, chantant des hymnes en l'honneur du nouveau Brutus, les chantant même sous les fenêtres du palais de Rossi, comme une insulte à la douleur ; le meurtrier promené en triomphe ; le gouvernement anéanti ; ces manifestations de joie féroce s'étendant en dehors de Rome ; l'Italie célébrant comme un bienfait le meurtre de l'homme qui pouvait la sauver ; l'émeute faisant explosion autour du Vatican ; Pie IX contraint de se réfugier à Gaëte ; l'Europe entière ébranlée dans ses fondements, et, au milieu

de cette commotion qui dure encore, les esprits déconcer-
tés; la liberté compromise; tant d'ombres, enfin, descen-
dues tout à coup autour de ce tombeau, comme pour
témoigner à quelle profondeur avaient été frappées, dans
Rossi, l'humanité, la justice, la religion, la liberté : toutes
causes heureusement immortelles !

Paris. — Typ. PILLET fils aîné, 5, rue des Grands-Augustins

www.ingramcontent.com/pod-product-compliance
Lightning Source LLC
Chambersburg PA
CBHW061653180626
46818CB00003B/1075